AF266887

CE QUE DEMANDE LA SITUATION

PARIS. — IMP. SIMON RAÇON ET COMP, RUE D'ERFURTH, 1.

CE QUE DEMANDE

LA SITUATION

PAR

HENRY MOREAU

PARIS

CHARLES DOUNIOL ET Cie, LIBRAIRES-ÉDITEURS

29, RUE DE TOURNON, 29

1875

CE QUE DEMANDE LA SITUATION

I

L'Assemblée nationale élue le 8 février 1871 avait une double mission à remplir, faire la paix avec l'Allemagne, dont les armées occupaient quarante de nos départements, et rétablir l'ordre à l'intérieur.

La paix avec l'Allemagne était une tâche aussi simple que triste. Sans gouvernement et sans armée, la France était à la discrétion de son vainqueur, et les exigences de celui-ci ont été impitoyables. L'histoire dira plus tard si, de notre côté, les négociations ont été suivies avec l'habileté et l'esprit de suite que commandaient les circonstances ; si le personnage chargé de diriger ces négociations n'était pas notoirement hors d'état de lutter avec M. de Bismark, et pourquoi le traité de Francfort a notablement aggravé les conditions déjà si dures des préliminaires de Versailles.

Quoi qu'il en soit, lorsque les articles de paix ont été apportés à l'Assemblée nationale, elle n'avait qu'à s'incliner devant les nécessités d'une situation dont elle n'était pas l'auteur, et à apposer sans discussion la signature de la France au bas du fatal traité. C'est ce qu'elle a fait avec l'attitude la plus digne pour un vaincu, celle du recueillement et du silence, sauvegardant ainsi, autant qu'il dépendait d'elle, l'honneur du pays, alors qu'il ne lui était plus donné de sauver l'intégrité de sa fortune et de son territoire.

Plus tard, lorsqu'il s'est agi de pourvoir à l'exécution de ce traité, l'Assemblée a voté avec la même unanimité patriotique toutes les mesures financières qui ont permis d'anticiper le payement de notre dette et de hâter l'évacuation du sol national. Aujourd'hui, le traité de Francfort est complétement exécuté, sans que le vainqueur nous ait fait grâce d'un mètre de terrain, d'un centime sur les contribu-

tions de guerre ou sur les dépenses de l'armée d'occupation, d'une
minute sur la durée de son séjour dans nos départements de l'Est.
Nous ne sommes donc plus en ce moment les débiteurs de l'Allemagne ni d'un écu ni même d'un bon procédé.

Le rétablissement de l'ordre à l'intérieur présentait bien d'autres
difficultés que la paix avec l'ennemi victorieux. Cinq mois d'anarchie
s'ajoutant à tous les maux de l'invasion étrangère avaient complétement désorganisé la société. Il semblait impossible alors de ne pas
associer la République à l'Empire dans la responsabilité des maux
que subissait la France ; aussi, presque tous les départements non
envahis envoyèrent-ils à l'Assemblée nationale des hommes connus
par leur attachement aux principes monarchiques. La France atten-
dait de l'immense majorité de ses élus, d'abord le rétablissement
de l'ordre matériel, puis sa consolidation par le rétablissement de
l'ordre moral, c'est-à-dire par le retour à la monarchie parlementaire, la seule qui pût garantir au pays d'une manière durable les
bienfaits d'une paix si chèrement achetée et la restitution de son
rang dans le monde.

Cette dernière partie de l'œuvre de l'Assemblée ne pouvait s'ac-
complir de suite, car il y avait dans cette majorité monarchique
des malentendus à dissiper, des préventions à détruire, des nuances
à fondre, et pour cela il fallait beaucoup de loyauté, une grande
abnégation et infiniment d'habileté.

Les actes de la majorité ont toujours porté l'empreinte d'une
loyauté réelle et d'une incontestable abnégation ; mais l'Assemblée
était trop nombreuse pour que l'entente s'établît rapidement entre
ses membres et les diverses fractions autour desquelles ils se grou-
paient. Composée d'hommes étrangers jusqu'alors, pour la plupart,
les uns aux autres, plus étrangers encore à la marche du gouvernement parlementaire, elle était, à ses débuts, condamnée aux hési-
tations et aux tâtonnements.

Les membres de la majorité, par la force des choses, durent s'en
remettre à la direction de ceux d'entre eux qui, dix-huit ans aupa-
ravant, avaient siégé dans nos assemblées politiques, et cette confiance ne fut malheureusement pas toujours justifiée. C'est ainsi
que, sous ces influences, la présidence de l'Assemblée fut dévolue à
M. Grévy, homme fort honorable sans doute, recommandé par ses
courageuses protestations contre l'escamotage du 4 septembre, mais
qui, dévoué à la cause républicaine, ne pouvait être raisonnable-
ment l'élu d'une majorité monarchique ; car l'élection du président
d'une Assemblée constituante est autre chose qu'un témoignage
d'estime, c'est avant tout un acte politique.

Une autre faute non moins grave fut due aux mêmes inspira-

tions : ce fut la remise du pouvoir à M. Thiers, sous le titre de chef
du pouvoir exécutif de la République française. On s'était, il est vrai,
efforcé de calmer les scrupules en affirmant que l'avenir était ré-
servé. En dépit de cette réserve, non écrite dans la loi, la décision
de l'Assemblée avait l'apparence fâcheuse d'un hommage rendu aux
principes républicains.

Les dangers immédiats du pays entraînèrent d'ailleurs l'Assemblée à s'abandonner entièrement au chef du pouvoir exécutif, qu'elle
croyait animé de son esprit. Comment aurait-elle pu ne pas le croire,
lorsque vingt-six départements venaient de placer le nom de cet
homme d'État en tête de leur liste électorale, précisément pour faire
une manifestation de leurs tendances monarchiques, manifestation
d'autant plus éclatante que cette candidature avait été combattue
avec acharnement et insuccès par les démocrates de toutes nuances?

Cependant M. Thiers a déçu les espérances de la majorité et
trompé les craintes de la minorité. La monarchie, dont il avait été
jusqu'alors le défenseur convaincu et intrépide, a trouvé en lui le
plus résolu de ses adversaires. Au mépris des engagements connus
sous le nom de pacte de Bordeaux, il n'est pas resté neutre entre les
divers partis, et a travaillé ouvertement à l'établissement définitif de
la république. Il a montré pour les hommes du 4 septembre une
prédilection fort inattendue, il a maintenu dans les emplois publics
la plupart des fonctionnaires improvisés par la révolution, et qui
donnaient à celle-ci plus de gages qu'à la cause de l'ordre. Il semblait, par son langage à la tribune aussi bien que par des propos de
salon que les officieux s'empressaient de colporter, n'avoir qu'un
but, déconsidérer l'Assemblée nationale dont il était le délégué.

Justement soucieuse du maintien de la tranquillité publique,
l'Assemble a montré une grande longanimité et a, plus d'une fois,
cédé devant les exigences d'un pouvoir qui affectait un caractère
plus personnel qu'aucun de ses devanciers. C'est ainsi qu'elle a con-
senti à voter la Constitution Rivet et l'impôt improductif des ma-
tières premières.

Elle a toutefois, dans plus d'une circonstance, su résister aux
inexplicables fantaisies du chef du pouvoir exécutif. Nous devons la
remercier d'avoir refusé de transporter le siége de ses délibérations à Paris, et d'avoir, en restant à Versailles, coupé court aux
manifestations dangereuses qui avaient menacé les Assemblées pré-
cédentes. Elle a également bien mérité du pays lorsque, contrairement aux sollicitations de M. Thiers, elle a prononcé la condamna-
tion définitive de la garde nationale, cette triste institution qui a été
la cause de tant de désordres. Enfin, elle s'est grandement honorée
lorsqu'elle a repoussé l'espèce d'ostracisme que l'ancien ministre du

roi Louis-Philippe ne craignait pas de proposer contre les princes de la famille d'Orléans, tout en protestant de la vivacité de ses sympathies et de son inaltérable reconnaissance pour cette famille.

Ces résistances étaient autant d'avertissements dont on s'est refusé de comprendre la portée. En vain la majorité témoignait-elle à son élu le désir bien naturel de lui voir prendre ses ministres dans son sein; elle était indignement bafouée.

Lorsque des élections avaient lieu, ceux qui avaient qualité pour parler et agir au nom du gouvernement affichaient leurs préférences pour les candidatures les plus avancées.

La victoire remportée par la cause de l'ordre au mois de mai 1871 semblait elle-même remise en cause. Les conseils généraux et les municipalités où l'élément radical dominait empiétaient par des votes officiels ou officieux sur les droits réservés à l'Assemblée, et les commis-voyageurs de la démagogie profitaient du retour des plus détestables anniversaires de notre première révolution pour fomenter l'agitation sur les divers points du territoire et annoncer l'avénement prochain au pouvoir de nouvelles couches sociales.

La tranquillité publique était profondément troublée : si cet état de choses se continuait, il n'était pas impossible de prévoir l'heure où le parti radical, aidé du suffrage universel et favorisé par la complaisance du gouvernement, prendrait la revanche légale de la défaite de la Commune.

Dans son message de novembre 1872, M. Thiers, rompant ouvertement avec le pacte de Bordeaux, demandait à l'Assemblée de proclamer la république conservatrice et libérale comme le gouvernement définitif de la France. A cette provocation la majorité répondit, par l'organe de M. Batbie, que le seul gouvernement qu'elle voulût, pour le moment, était un gouvernement de combat.

La majorité, d'ailleurs, se préparait à reprendre la direction souveraine des affaires du pays. L'accord s'était fait entre ses membres sur le but qu'ils devaient désormais poursuivre en commun, et, dans le courant du mois de janvier 1873, le centre droit et la droite avaient publié un programme qui concluait au rétablissement de la monarchie héréditaire et constitutionnelle. Une occasion fut bientôt offerte à la majorité de constater son homogénéité, son intelligence de la situation et sa puissance. M. Grévy ayant cru devoir donner sa démission de président de l'Assemblée, il fut, malgré les efforts de M. Thiers, remplacé par M. Buffet.

Appelé fort jeune à l'Assemblée législative de 1849, M. Buffet s'y était fait promptement remarquer par sa grande connaissance des affaires, la netteté de sa parole et surtout la fermeté de son caractère. Deux fois ministre du président de la République, il avait eu l'honneur de collaborer à cette loi si calomniée du 31 mai 1850, qui avait remédié aux abus les plus criants du suffrage universel. Élu au Corps législatif lorsque la discussion était redevenue libre, il y avait retrouvé toute son autorité, et lorsque l'Empire parut converti à une politique plus libérale, M. Buffet consentit à accepter un portefeuille dans le cabinet du 2 janvier 1870, dont il n'hésita pas à se séparer avec éclat lorsque ce cabinet se prêta à la triste comédie du plébiscite du mois de mai. Les procès-verbaux des dernières séances du Corps législatif, au 4 septembre 1870, montrent M. Buffet protestant avec énergie contre la violence faite à la représentation nationale. M. Buffet était un des membres les plus fermes et les plus éclairés du centre droit, le choix était excellent, il ne devait pas tarder à porter ses fruits.

Pendant une de ces prorogations que M. Thiers imposait si fréquemment et avec tant d'insolence à l'Assemblée, des élections eurent lieu à Paris. M. de Rémusat, ministre des affaires étrangères, était le candidat du gouvernement. Cet ancien serviteur du roi Louis-Philippe professait, pour le suffrage universel le plus illimité, un enthousiasme dont l'ardeur s'expliquait sans doute par sa nouveauté. Mais la démocratie parisienne n'était pas d'humeur à se contenter à si peu de frais : il lui fallait lancer du même coup, à l'Assemblée et au gouvernement, le défi le plus audacieux qu'elle pût imaginer. Elle dédaigna donc les avances de M. de Rémusat, et choisit pour son candidat M. Barodet, ancien maire de Lyon, dont la déplorable administration avait obligé l'Assemblée à voter la loi qui supprimait la mairie centrale de la ville de Lyon. Des efforts surhumains furent tentés pour empêcher le succès de cette candidature à la fois radicale et grotesque, le ban et l'arrière-ban des hommes du 4 Septembre vint au secours du gouvernement ; ils travestirent de leur mieux M. de Rémusat en un démocrate de leur école, ils disaient même hautement que, si M. de Rémusat était élu à Paris, le gouvernement verrait avec plaisir les électeurs de Lyon, qui étaient convoqués à un jour rapproché, élire M. Barodet et protester ainsi contre les décisions de l'Assemblée nationale. Rien n'y fit; Paris se montra fidèle à ses traditions électorales, et M. Barodet fut élu à une écrasante majorité.

Peu de jours après, les élections qui eurent lieu dans divers départements accusaient des résultats aussi accentués. La démagogie lyonnaise ne restait pas en arrière de bons procédés avec la démagogie parisienne : elle envoyait un membre de la Commune de Paris, M. Ranc, siéger à côté de M. Barodet.

Ces détestables élections eurent pourtant d'heureux résultats : elles achevèrent de resserrer l'union des diverses fractions de la majorité ; elles rapprochèrent d'elles un certain nombre de membres du centre gauche justement effrayés de la situation, et l'Assemblée était à peine réunie, qu'une interpellation signée de trois cent trente de ses membres était adressée au gouvernement. Après une mémorable discussion, dans laquelle M. le duc de Broglie eut un succès éclatant, l'Assemblée votait un ordre du jour qui mécontenta M. Thiers et motiva sa démission. La France allait se trouver sans gouvernement. M. Buffet, par la fermeté inébranlable avec laquelle il sut diriger les débats de l'Assemblée, réussit à éviter à son pays les dangers et les angoisses d'un interrègne, et on apprit, pour ainsi dire, au même moment la démission de M. Thiers et son remplacement par M. le maréchal de Mac Mahon. La France voyait avec satisfaction que ses destinées n'étaient pas, comme on le lui avait tant répété, à la merci des caprices d'un seul homme, et qu'elle pouvait vivre tranquillement sous la protection de l'épée d'un loyal homme de guerre, exécuteur fidèle et dévoué des volontés de ses représentants.

Conformément aux traditions du gouvernement parlementaire, M. le maréchal de Mac Mahon a chargé M. le duc de Broglie de constituer un cabinet homogène pris exclusivement dans le sein de la majorité.

Le ministère du 24 mai a justifié les espérances que son avénement avait fait concevoir. Les fonctionnaires dont le dévouement à la cause de l'ordre paraissait trop tiède ont été remplacés par d'autres administrateurs, les municipalités ont été strictement rappelées au respect de la loi, le départ des troupes allemandes, que le gouvernement précédent avait déclaré devoir être le signal d'agitations fâcheuses, s'est effectué au milieu du calme le plus parfait, les commis-voyageurs du radicalisme sont restés chez eux, et les anniversaires des mauvais jours de la révolution sont passés inaperçus.

Pour donner satisfaction aux demandes réitérées de M. Dufaure, l'Assemblée avait décidé que l'une des premières discussions, à son retour, serait celle de la forme à donner au gouvernement. La majorité, ainsi vigoureusement constituée, voyait arriver le moment où elle allait enfin pouvoir rétablir la monarchie. Le rapprochement des partisans des deux branches de la maison de Bourbon venait d'être confirmé par celui de tous les princes de cette maison. La visite de M. le comte de Paris à Frohsdorff semblait avoir abaissé les dernières barrières ; l'heure était venue pour la droite et le centre droit de proposer le rétablissement de la monarchie héréditaire avec une constitution qui garantirait à la France ses libertés publiques et le maintien de son drapeau. Cette combinaison, dont le succès était certain, et qui conciliait si heureusement les traditions du passé et les nécessités du présent, a échoué par des circonstances dont la responsabilité ne peut être imputée à la majorité de l'Assemblée nationale.

L'union des membres du parti conservateur a survécu au coup qui semblait devoir la dissoudre, et l'Assemblée, qui avait le regret de ne pouvoir relever la monarchie parlementaire, s'est efforcée d'établir le gouvernement qui s'en éloignait le moins. Elle a voté la prorogation pendant sept ans des pouvoirs du maréchal de Mac-Mahon, et s'est engagée à fortifier l'autorité du chef de l'État par le vote prochain des lois constitutionnelles nécessaires au fonctionnement des institutions parlementaires.

C'était là une sage pensée, car un gouvernement de combat n'est pas le but définitif vers lequel une société bien réglée doit tendre, c'est seulement un régime provisoire qui doit prendre fin avec les circonstances exceptionnelles auxquelles il a dû sa naissance.

Il faut donc, pour achever l'œuvre si heureusement inaugurée le 24 mai et si sagement poursuivie le 20 novembre, organiser les pouvoirs publics dans des conditions moins précaires que celles où ils ont fonctionné depuis trois ans, et cette organisation ne pourrait être différée sans péril, car si décisif et si solennel qu'ait été le vote par lequel l'Assemblée a proclamé sa volonté de soustraire le pays aux incertitudes du lendemain, il semble que ce résultat pourrait être compromis si le vote, en quelque sorte immédiat des lois constitutionnelles et leur prompte mise à exécution, ne venaient décourager pour toujours les vaincus du 24 mai et du 20 novembre.

On s'accorde généralement à reconnaître aujourd'hui qu'il faut mettre à profit l'expérience du passé en remettant le pouvoir législatif à deux Assemblées qui, recrutées dans des conditions différentes, se feront l'une à l'autre un contre-poids utile. C'est ce que propose déjà le projet de loi présenté à l'Assemblée, le 20 mai dernier, par MM. Thiers et Dufaure, et qu'examine en ce moment la commission de trente membres à qui la loi du 20 novembre confie la préparation des lois constitutionnelles.

Voici comment, dans son exposé de motifs, M. Dufaure s'exprime sur la nécessité de la création d'un Sénat que M. Thiers qualifie avec raison de Chambre de résistance.

Si l'existence de la première de ces deux Assemblées pouvait être encore remise en question, il serait facile de rappeler quels graves motifs en démontrent la nécessité. Dans tout État libre, surtout dans toute république, dans toute démocratie, la grand danger est l'entraînement, et à la suite de l'entraînement la précipitation. On s'y décide souvent par passion plus que par conseil. Aussi l'art de tous les fondateurs d'un régime populaire a-t-il été d'y introduire la maturité dans les délibérations, d'opposer aux mouvements de l'opinion publique le contrôle permanent de l'expérience, et l'on trouverait difficilement dans l'histoire, même en remontant jusqu'à l'antiquité, une constitution qui n'ait point placé à côté ou au-dessus de l'opinion populaire quelque corps destiné à la diriger ou du moins à la tempérer et à ralentir son action. Partout on a senti le danger d'un pouvoir unique et sans contre-poids. Quelle que soit sa forme et son origine, il dégénère en despotisme. Tous les pays libres ont deux Chambres. La Convention nationale, éclairée par une terrible expérience, introduisit la première en France cette dualité nécessaire, et tandis que la sagesse britannique couvre le monde de colonies admirablement libres où cette double garantie est soigneusement consacrée, chacune des trente-six républiques de l'Amérique du Nord présente cette même division de la législature qui, au sommet de l'édifice fédéral se reproduit par une institution admirée de tous les publicistes, le Sénat des États-Unis.

Ce langage est celui d'un véritable homme d'État, et l'Assemblée ne peut manquer de donner gain de cause à M. Dufaure, en modifiant toutefois certaines dispositions de son plan qui ne répondent pas suffisamment aux exigences de la situation.

Les lois constitutionnelles devront aussi déterminer d'une manière précise les attributions du pouvoir exécutif et ses rapports avec le pouvoir législatif. Il y a lieu notamment de remédier aux inconvénients du droit d'initiative qui appartient au Parlement, en reconnaissant au président le droit de *veto* dans une certaine mesure. En outre, comme l'autorité du président est maintenant complétement indépendante du pouvoir législatif, il faut qu'en cas de conflit entre ces deux pouvoirs, l'un d'eux ait le moyen d'y mettre fin. Ce but sera atteint par l'attribution au président du droit de dissoudre les Assemblées et de faire ainsi appel au corps électoral.

Toutes ces mesures, si elles sont rapidement prises, doivent exercer la plus heureuse influence sur la marche des affaires publiques; toutefois, elles ne répondraient pas à l'attente du pays s'il était condamné à voir se perpétuer les scandales électoraux dont nous sommes témoins depuis le mois d'avril 1871. En effet, de semblables élections sont une cause d'agitations permanentes et elles saperaient jusque dans ses bases le gouvernement le mieux établi.

Il importe donc de rechercher si ces élections ne sont pas la conséquence nécessaire des conditions dans lesquelles le suffrage universel est pratiqué en France, et s'il résulte de cette recherche que notre système électoral ne peut donner que de mauvais fruits, il faut se hâter de le réformer. Demandons à l'histoire quels sont les antécédents de ce système et quelles en ont été les conséquences immédiates.

II

La première en date de nos Constitutions est celle du 3 septembre
1791. Elle ne consacre en aucune façon le principe du suffrage universel illimité et direct, principe qui n'avait guère pour adeptes que
Robespierre et ses adhérents, et que combattait Camille Desmoulins
lui-même en condamnant la souveraineté du nombre et en déclarant
qu'il était du devoir du législateur d'exclure du corps politique la
dernière classe des citoyens, celle des prolétaires.

La Constitution de 1791 conférait le droit de participer aux Assemblées primaires à tous les citoyens actifs; mais elle n'admettait
comme tels que les citoyens âgés de vingt-cinq ans, domiciliés depuis un an au moins dans le canton, acquittant une contribution
directe équivalant à trois journées de travail, et n'étant pas serviteurs attachés au service de la personne ou du ménage. Les assemblées primaires nommaient des électeurs qui devaient justifier d'une
certaine fortune territoriale plus ou moins considérable, suivant le
chiffre de la population de la commune où ils résidaient. Ces électeurs étaient chargés à leur tour de nommer les représentants à
l'Assemblée législative et devaient les choisir parmi les citoyens actifs du département. Les députés à élire étaient répartis entre les
départements, non-seulement en raison de leur population respec-
tive, mais en proportion de leur richesse et de leur étendue.

Ainsi la Constitution de 1791 établissait le suffrage universel à
deux degrés et n'appelait à l'exercer que les citoyens qui réunis-
saient certaines conditions d'âge, de domicile, de cens et d'indépendance.

Ce système ne fonctionna qu'en 1791, pour l'élection de l'Assemblée législative; il est impossible de le juger par les résultats du
scrutin même, car, au milieu de l'effervescence révolutionnaire,
les élections ne furent pas libres et les hommes dévoués à la cause
de l'ordre furent en minorité à l'Assemblée législative.

Lorsque cette Assemblée, dominée par les sicaires de la Commune de Paris, ordonna la convocation de la Convention nationale,
elle supprima la plupart des garanties en matière d'élections établies par la Constitution de 1791.

Le décret du 10 août 1792, tout en maintenant le vote à deux degrés, admettait tout Français âgé de vingt et un ans, ayant un an de
domicile, à voter dans les assemblées primaires comme tout autre
citoyen actif, sans justification d'aucune contribution. Un décret du

12 août, de la même année, allouait même, aux électeurs qui seraient obligés de s'éloigner de leur domicile, vingt sous par lieue et trois livres par jour de séjour, indemnité qu'il ne déplairait pas à beaucoup de nos démocrates de voir revivre.

La Constitution jacobine du 24 juin 1793 appelait tous les citoyens âgés de vingt et un ans et domiciliés depuis six mois dans le canton à élire directement les députés. La population devenait la seule base de la représentation nationale. Cette Constitution, qui n'a jamais été mise en pratique, proclamait donc la souveraineté absolue du nombre.

La Constitution du 5 fructidor an III restituait à la société la plus grande partie des garanties que lui avait enlevées sa devancière. Elle rétablissait le suffrage à deux degrés, elle ne composait les assemblées primaires que des citoyens français, c'est-à-dire de ceux qui, nés et résidant en France et âgés de vingt et un ans accomplis, s'étaient fait inscrire sur le registre civique de leur canton, avaient demeuré depuis, pendant une année, sur le territoire de la république, payaient une contribution directe foncière ou personnelle, et enfin qui n'étaient pas serviteurs à gages.

Les assemblées primaires nommaient les électeurs qui devaient choisir les membres des deux Chambres, et nul ne pouvait être nommé électeur s'il n'avait vingt-cinq ans accomplis et s'il ne réunissait aux qualités nécessaires pour l'exercice des droits de citoyen certaines conditions de propriété analogues à celles prescrites par la Constitution de 1791.

Le système électoral créé par cette Constitution a fonctionné dans des conditions de tranquillité et de liberté relatives jusqu'au coup d'État du 18 fructidor an V. Les élections ainsi accomplies ont été conservatrices et même monarchiques à un point tel que les régicides, qui siégeaient en majorité au Directoire, ont jugé bon, pour échapper aux conséquences nécessaires de ces élections, d'expulser 187 membres de la législature et d'en déporter 53 à Cayenne.

Il est inutile d'insister longuement sur la Constitution du 22 frimaire an VIII, qui ne rendait qu'un hommage purement théorique au suffrage universel en admettant tout citoyen français à participer à la confection d'une liste dite de confiance, contenant un nombre de noms égal au dixième des électeurs. Les citoyens désignés sur cette liste en confectionnaient à leur tour une seconde, et les citoyens de la seconde liste en établissaient enfin une troisième, dans laquelle le Sénat choisissait les députés des départements. Mis à un pareil alambic, le suffrage universel n'était plus guère dangereux, mais il devenait aussi fort insignifiant.

Nous ne parlerons pas davantage des Chartes de 1814 et de 1830, qui remettaient l'élection entre les mains d'électeurs acquittant un certain chiffre de contributions.

L'attribution exclusive du droit de vote à une classe déterminée de contribuables avait provoqué de vives protestations, et les dernières années de la monarchie de Juillet furent marquées par une vive agitation en faveur de la réforme électorale. Le grand nombre de ceux qui réclamaient cette réforme se seraient volontiers contentés d'une augmentation du corps électoral par un abaissement du cens. Le suffrage universel, il est vrai, était aussi demandé par les hommes du parti radical et par quelques légitimistes, que MM. de Genoude et de la Rochejaquelein représentaient à la Chambre des députés. Les uns et les autres n'avaient que peu d'écho dans le Parlement et dans le pays.

Cependant la campagne pour la réforme électorale aboutit à la révolution du 24 février 1848. Pour réglementer les élections à l'Assemblée constituante, le gouvernement provisoire emprunta à la Constitution jacobine de 1793 ses dispositions les plus anarchiques. Tous les Français âgés de vingt et un ans étaient déclarés électeurs sans aucune condition de cens et nommaient directement leurs députés. Le nombre des députés à élire était réparti entre les départements eu égard à leur population seulement. L'élection devait avoir lieu au scrutin de liste. C'était l'avénement du nombre brutal, auquel tous les autres intérêts sociaux étaient impitoyablement sacrifiés.

Les inventeurs du suffrage universel ainsi pratiqué espéraient que le pays, surpris et effrayé par des innovations aussi radicales, n'aurait pas le temps de se reconnaître, et que les noms des hommes dévoués à la cause de la révolution sortiraient seuls des urnes électorales. Aucun effort ne fut épargné pour atteindre ce but. On alla même jusqu'à naturaliser en masse, pour les admettre à voter, les étrangers qui étaient venus se fixer en France, peut-être pour s'y mettre à l'abri des atteintes de la justice de leur pays.

Le gouvernement annonçait hautement son intention de peser de toute sa puissance sur les élections, et ses commissaires, qui avaient pris la place des préfets dans les départements, recevaient à cet égard des circulaires qui firent grand bruit, circulaires signées de M. Ledru-Rollin, ministre de l'intérieur, et dont M. Jules Favre, secrétaire général du même ministère, s'est glorifié d'être l'auteur.

Les élections, écrivait M. Jules Favre, doivent être l'objet de vos constantes préoccupations. Quels sont vos pouvoirs? ils sont illimités.

Agents d'une autorité révolutionnaire, vous êtes révolutionnaires aussi. La victoire du peuple vous a imposé le mandat de faire proclamer, de consolider son œuvre. Pour l'accomplissement de cette tâche, vous êtes investis de sa souveraineté, vous ne relevez que de votre conscience, vous devez faire ce que les circonstances exigent pour le salut public... Les élections sont votre grande œuvre, elles doivent être le salut du pays. C'est de la composition de l'Assemblée que dépendent nos destinées. Il faut qu'elle soit animée de l'esprit révolutionnaire, sinon nous marchons à la guerre civile et à l'anarchie. A ce sujet, mettez-vous en garde contre les intrigues des hommes à double visage qui, après avoir servi la royauté, se disent les serviteurs du peuple. Ceux-là vous trompent et vous devez leur refuser votre appui. Sachez bien que, pour briguer l'honneur de siéger à l'Assemblée nationale, il faut être pur des traditions du passé. Que votre mot d'ordre soit : Partout des hommes nouveaux et, autant que possible, sortant du peuple. Les travailleurs, qui sont la force vive de la nation, doivent choisir parmi eux ceux que recommandent leur intelligence, leur moralité, leur dévouement. Réunis à l'élite des penseurs, ils apporteront à la discussion de toutes les grandes questions qui vont s'agiter l'autorité de leur expérience pratique. Ils continueront la révolution et la contiendront dans les limites du possible et de la raison... L'éducation du pays n'est pas faite, c'est à nous de les guider... Pas de transactions, pas de complaisances. Que le jour de l'élection soit le triomphe de la Révolution.

Dans une autre circulaire en date du 9 avril 1848, le même fonctionnaire traçait le programme que l'administration entendait imposer aux candidats :

L'abolition de tous privilèges, la répartition de l'impôt en raison de la fortune, un droit proportionnel et progressif sur les successions, une magistrature librement élue et le plus complet développement de l'institution du jury, le service militaire pesant également sur tous, une éducation gratuite et égale pour tous, l'instrument du travail assuré à tous, la reconstitution démocratique de l'industrie et du crédit, l'association volontaire partout substituée aux impulsions désordonnées de l'égoïsme. Quiconque n'est pas décidé à sacrifier son repos, son avenir, sa vie au triomphe de ces idées, quiconque ne sent pas que la société ancienne a péri et qu'il faut en édifier une nouvelle, serait un député tiède et dangereux. Son influence compromettrait le salut de la France.

La même circulaire signalait à l'indignation du peuple « ceux qui ont adopté l'ancienne dynastie et ses trahisons, ceux qui limitaient leurs espérances à d'insignifiantes réformes électorales. Que le peuple s'en défie et les repousse. Mieux vaudrait des adversaires déclarés que des amis douteux. »
Enfin, dans les réunions publiques à Paris, les amis politiques de M. Ledru-Rollin donnaient la mesure de leur respect pour le suffrage universel qu'il venait de proclamer, en annonçant qu'ils jetteraient

l'Assemblée nationale par les fenêtres, si elle n'acclamait pas la république et toutes ses conséquences.

Nous connaissons maintenant les origines du suffrage universel, le but dans lequel il a été institué ; il nous reste à rappeler les résultats qu'il a produits.

L'attente de ses patrons fut d'abord un peu déçue. En effet, les élections du mois d'avril 1848 envoyèrent à l'Assemblée constituante beaucoup de républicains modérés et un assez grand nombre d'hommes appartenant aux diverses nuances du parti monarchique ; quant aux candidats de l'extrême gauche, ils furent presque partout évincés.

Entre autres vertus, le suffrage universel devait avoir celle d'écarter à jamais les émeutes et les insurrections, puisque le gouvernement était l'œuvre de tous ; cependant, à peine avait-il rendu son verdict, que ceux qu'il avait condamnés s'insurgeaient, envahissaient l'Assemblée nationale le 15 mai, et ensanglantaient les rues de Paris dans les terribles journées de Juin.

L'Assemblée constituante s'inclina respectueusement devant le système électoral imaginé par le gouvernement provisoire. La loi du 11 août 1848 alla même jusqu'à donner au suffrage universel, une inviolabilité dont les systèmes électoraux qui l'avaient précédée n'avaient pas eu besoin, en punissant d'un emprisonnement de trois mois à cinq ans toute attaque dont son principe pourrait être l'objet. Comme la Constitution de 1793, celle de 1848 proclame la souveraineté exclusive du nombre.

L'article 23 fait de la population la base unique de l'élection. M. Dufaure, au nom de la commission dont il était membre, expliquait en ces termes la portée de cette disposition : « D'après les législations antérieures, disait-il, l'élection avait pour base, non-seulement la population, mais encore l'étendue des départements et leur richesse. Il nous a paru que le principe démocratique, sous lequel nous établissons la Constitution, devait conduire à ne donner pour base à l'élection que le chiffre de la population ; voilà le sens de l'article 1er ; il n'est pas douteux. »

Le suffrage est universel et direct. (Art. 24.) Sont électeurs sans condition de cens tous les Français âgés de vingt et un ans et jouissant de leurs droits civils et politiques. (Art. 25.)

La clause qui affranchissait les électeurs de toute condition de cens ne figurait ni dans le premier ni même dans le deuxième projet de constitution. La commission s'aperçut sans doute que le principe démocratique, auquel elle était décidée à tout sacrifier, réclamait de nouveaux gages et elle interdit aux législateurs d'imposer à l'exercice du droit électoral la garantie d'un cens si modéré qu'il fût.

Enfin, d'après l'article 30, l'élection des députés devait se faire au scrutin de liste pour chaque département.

Toutes ces dispositions si graves et si nouvelles dans notre droit public furent votées sans discussion, comme si elles n'étaient susceptibles d'aucune critique. Un représentant, M. Maurat-Ballange, démontra en fort bons termes les inconvénients du scrutin de liste et proposa un amendement qui divisait la France en autant de circonscriptions électorales qu'il y avait de députés à élire : on ne lui fit pas même l'honneur d'une réponse, et l'amendement fut rejeté sommairement. Cette touchante unanimité avec laquelle l'Assemblée constituante s'appropriait l'œuvre des plus mauvais jours de la Convention ne fut troublée que par un amendement de MM. Duvergier de Hauranne et Rouher, qui proposaient la création de deux Chambres. Cette proposition, réactionnaire au premier chef, fut énergiquement combattue par M. Marcel Barthe et Dupin aîné, et rejetée par 550 voix contre 289.

Combien n'est-il pas regrettable que M. Dufaure n'ait pas développé alors devant l'Assemblée les considérations que nous avons reproduites plus haut? L'autorité de sa parole aurait, nous n'en doutons pas, évité une grande faute à ses collègues. Malheureusement, M. Dufaure garda le silence, et vota même avec la majorité pour une Assemblée unique. MM. Thiers et de Rémusat cédèrent à de meilleures inspirations et votèrent avec la minorité.

Le suffrage universel illimité et direct ne tarda pas à affirmer l'une de ses tendances, celle qui consiste à appeler bien vite le césarisme pour le délivrer des terreurs que lui inspirent les députés qu'il a élus. Le prince Louis-Napoléon Bonaparte, en qui, malgré ses dénégations intéressées, il était impossible de ne pas voir un prétendant, fut successivement élu député par plusieurs départements, puis proclamé Président de la République par six millions de suffrages.

La Constitution du 5 novembre 1848, qui, contrairement à l'usage, avait statué si minutieusement sur les détails de la législation électorale, n'avait cependant pas déterminé la durée du domicile exigé de l'électeur. Cette détermination fut faite par la loi du 15 mars 1849, qui, fidèle aux traditions de la Constitution du 24 juin 1793, se contentait d'un domicile de six mois. « Pour le mariage, disait M. Billault, rapporteur de cette loi, l'article 74 du code civil déclare que le domicile s'établit par six mois d'habitation ; la commission n'a pas cru pouvoir en exiger davantage pour l'électorat. » L'Assemblée constituante se sépara peu de temps après la promulgation de cette loi.

Les élections pour l'Assemblée législative furent généralement conservatrices : les terreurs causées par les événements et les hommes de 1848 n'avaient pas perdu de leur intensité ; en outre, l'influence qu'exerçaient sur les populations de chaque département les hommes politiques qui les avaient représentées dans les anciennes assemblées parlementaires était encore réelle.

Sur 750 représentants élus, 360 seulement appartenaient à l'Assemblée constituante, et parmi les 390 nouveaux députés qui n'en avaient pas fait partie, on comptait 30 pairs de France et 143 membres de la Chambre des députés violemment dissoute le 24 février, Les différentes nuances du parti monarchique formaient la majorité avec environ 500 membres. Les 250 autres représentants appartenaient aux diverses fractions du parti républicain.

A première vue, ces résultats généraux paraissaient satisfaisants, cependant ceux qui les observaient attentivement découvraient des points noirs à l'horizon. A quelques exceptions près, les républicains modérés étaient restés sur le carreau. Mais sur les élections qui ne revenaient pas au parti monarchique, le plus grand nombre était revendiqué par les radicaux et plusieurs départements avaient élu la liste avancée tout entière.

Il était donc possible de prévoir que le scrutin de liste, si favorable cette fois aux conservateurs, pourrait, dans d'autres circonstances, en donnant la majorité aux radicaux, assurer au désordre la consécration de la légalité. De plus, mettant à profit la participation de l'armée aux opérations électorales, les démagogues s'efforçaient d'y exciter les convoitises et de faire échec à la discipline en élisant trois sergents d'infanterie qui n'avaient d'autre titre à la faveur des électeurs que leur esprit d'insubordination. On n'avait pas imaginé alors de s'adresser aux grades supérieurs de l'armée.

Les radicaux témoignèrent en 1849 le même respect pour le verdict du suffrage universel que l'année précédente, et au lendemain même de la réunion de la nouvelle Assemblée, le 13 juin, éclatait une insurrection à laquelle s'associaient trente représentants, M. Ledru-Rollin en tête. A la différence de ce qui s'était passé en 1849, cette insurrection fut réprimée sans effusion de sang, et les trente députés, renvoyés devant la haute-cour de justice, y furent condamnés et déclarés déchus de leur siége à l'Assemblée.

Il fallait pourvoir à leur remplacement. Paris, qui avait trois députés à élire, inaugura l'ère des élections à grand scandale et choisit trois socialistes, parmi lesquels se trouvait un transporté de Juin. Les élections dans les départements eurent à peu près la même physionomie. Quelques-unes de ces élections ayant été annulées, on procéda à une nouvelle épreuve, et Paris nomma cette fois un écrivain socialiste et profondément irréligieux, M. Eugène Sue. Les élections départementales étaient naturellement dans le même sens.

L'alarme fut vive dans le pays ; mais il faut le dire à l'honneur du gouvernement et de l'Assemblée, pas une minute ne fut perdue pour parer aux dangers que révélait le fonctionnement du suffrage universel. Les dernières élections avaient eu lieu le 28 avril 1850, et, dès le 2 mai, M. Baroche, ministre de l'intérieur, nommait une commission de dix-sept représentants pour préparer un projet de loi sur les réformes qu'il était nécessaire d'apporter à la législation électorale.

La mission des commissaires était circonscrite dans des limites fort étroite. En effet, les « hommes astucieux, » comme les appelait alors M. Thiers, qui avaient rédigé la Constitution de 1848, avaient pris toutes les précautions nécessaires pour soustraire leur système électoral à l'examen de l'Assemblée législative en réglant les détails de ce système par des articles de la constitution. L'Assemblée législative ne pouvait réformer aucune disposition constitutionnelle ; elle avait seulement le droit dans sa dernière session, c'est-à-dire en 1851, de proposer la révision des dispositions qu'elle jugerait défectueuses, à la condition, toutefois, que cette proposition réunît l'adhésion des trois quarts des votants, condition impossible à réaliser, puisque sur 750 représentants, plus de 200 appartenaient à la gauche.

La fixation du domicile électoral pouvait seule être réformée, et ce fut aussi uniquement sur le domicile que porta le projet de la commission des dix-sept, présenté le 8 mai à l'Assemblée, par M. Baroche, au nom du Président de la République.

D'après ce projet, il fallait, pour être inscrit sur les listes électorales, être actuellement domicilié dans la commune, ou, tout au moins, dans le canton depuis trois ans (art. 2).

Le domicile électoral devait être constaté par l'inscription au rôle de la taxe personnelle ou par l'inscription personnelle au rôle de la prestation en nature pour les chemins vicinaux (art. 3).

Dans les villes où le contingent personnel et mobilier est payé en totalité par la caisse municipale, l'inscription sur l'état des imposables équivalait à l'inscription au rôle de la taxe personnelle (art. 15).

Le domicile pouvait être établi en ce qui concernait : 1° les citoyens qui n'étaient pas inscrits au rôle de la contribution personnelle, par la déclaration des ascendants chez lesquels ils habitaient ; 2° les majeurs qui servaient ou travaillaient habituellement chez autrui, par la déclaration des maîtres ou patrons qu'ils demeuraient dans la même maison ou dans les bâtiments d'exploitation.

Enfin de nouvelles catégories d'individus exclus de l'exercice du droit de suffrage pour cause d'indignité résultant de condamnations judiciaires, étaient établies.

Telle était l'économie de la loi votée le 31 mai 1850, après huit jours des plus ardentes discussions. Les radicaux n'avaient épargné aucun moyen pour intimider la représentation nationale. Des pétitions pleines de menaces et d'injures, revêtues de 527,000 signatures, protestaient contre les changements projetés.

Les adversaires de la loi prétendaient qu'elle était inconstitutionnelle, qu'elle subordonnait l'exercice du droit électoral à une condition de cens et que l'avénement du suffrage universel illimité avait rendu, dans l'avenir, toute insurrection impossible.

M. Victor Hugo, nouvellement converti au radicalisme, récita un discours dans lequel il sacrifiait tout, à commencer par le bon sens à l'antithèse; il ne craignait pas, entre autres hardiesses, d'affirmer, d'accord avec MM. Charles Lagrange et de Flotte, bons juges en pareille matière, que la présentation de la loi avait arrêté la reprise des affaires.

Les défenseurs de la loi soutenaient, au contraire, que les dernières élections avaient paralysé toutes les entreprises ; ils rappelaient les événements de mai et juin 1848 et juin 1849, qui prouvaient que le suffrage universel, même illimité, n'était nullement une digue contre les insurrections, et ils ajoutaient que s'ils n'avaient pas été retenus par leur respect pour la Constitution, ils auraient proposé de bien autres réformes. M. Jules de Lasteyrie, par exemple, déclarait qu'il aurait réclamé l'abolition du scrutin de liste et l'adoption d'un âge plus avancé que celui de vingt et un ans. Après avoir rappelé M. Victor Hugo au respect de lui-même, M. de Montalembert insistait éloquemment sur la nécessité d'une lutte à outrance contre le socialisme.

Je vous demande, messieurs, disait-il, si, en présence de ce progrès flagrant du socialisme, vous voulez rester impuissants et silencieux, si vous ne voulez apporter aucun remède aux progrès du mal tel que je viens de vous le signaler par cet exemple éclatant, je le répète et je le constate, incontesté. Eh bien, non! Quant à moi, je soutiens que vous ne le devez pas, et je suis sûr que vous ne le voudrez pas. Il faut donc faire à ce mal qui croît tous les jours la guerre la plus énergique, la guerre que permet la Constitution, par tous les moyens que ne réprouvent pas la justice, l'honneur et les lois qui nous gouvernent. Pour résumer ma pensée dans un seul mot, je dis qu'il faut recommencer l'expédition de Rome à l'intérieur, qu'il faut entreprendre contre le socialisme qui nous menace et nous dévore une campagne comme l'expédition de Rome...

M. Léon Faucher, rapporteur du projet de loi, attaqué personnellement par M. Jules Favre, répondait en rappelant les agissements du ministère de l'intérieur aux mois de mars et d'avril 1848, et il citait notamment ce passage d'une lettre adressée au commissaire du département des Bouches-du-Rhône, qui était, si nous ne nous trompons, M. Émile Ollivier :

« La candidature de M. Thiers doit être combattue par tous les moyens possibles. »

« M. Thiers : J'en suis très-flatté.

« M. Léon Faucher (reprenant la lecture de la circulaire de M. Jules Favre) : « Le gouvernement provisoire attend de vous que vous fassiez les plus grands efforts pour qu'elle échoue et que les électeurs en fassent justice [1]. »

Les républicains étaient bien inspirés quand ils avaient voulu exclure à tout prix M. Thiers de l'enceinte législative, car il leur faisait alors une rude guerre, et dans la séance du 24 mai, il prononça contre eux une des plus admirables harangues dont la tribune française ait jamais retenti.

Il répondait avec un suprême dédain aux reproches d'inconstitutionnalité adressées à la loi par les républicains, ces hommes qui, pour s'emparer du pouvoir, avaient constamment attaqué les constitutions existantes.

Pour ce motif, disait-il, ils n'ont jamais hésité à faire ces deux choses : ou s'insurger, ou déchirer la Constitution des gouvernements sous lesquels ils vivaient ; je ne juge pas leurs actes : ils ont cru le pouvoir. Mais enfin, si, en présence d'un intérêt bien autre que celui de la liberté à faire marcher plus vite, si en présence d'un danger, en présence de la société à sauver (vous ne le croyez pas, nous le croyons, nous, nous croyons la société prête à périr), si en présence de ce danger, nous avions imité votre

[1] « M. Émile Ollivier, disait M. Théodore Ducos dans son rapport sur le projet de loi relatif au réglement de comptes de l'année 1848 (*Moniteur universel* du 26 juin 1851), a réclamé et obtenu une somme de 15,150 francs pour remboursement de dépenses extraordinaires, frais de tournées, *influences électorales...* La Commission antérieure à la nôtre concluait au rejet formel de 15,150 francs pour frais extraordinaires, impressions de bulletins électoraux, listes de candidats, influences électorales.

« Comment pouvait-il en être autrement, quand M. Émile Ollivier, entendu par elle, se faisait un titre exceptionnel à l'estime et à la reconnaissance des républicains, d'avoir combattu ouvertememt, publiquement, par ses actes, par ses actions, par ses impressions, la candidature de l'honorable M. Thiers ? D'autres que lui, prétendait-il, se faisaient un titre d'avoir gardé une neutralité absolue dans les élections. Il se faisait honneur d'être descendu jusque dans les clubs, pour détourner les électeurs de donner leurs suffrages à ceux qu'il appelait les réactionnaires avoués.

« En présence de ces conclusions de nos prédécesseurs, nous demandons, comme eux, à l'Assemblée législative de ne pas consacrer un précédent électoral désastreux, et de refuser l'allocation de 15,150 francs. »

conduite, et si nous nous fussions comportés comme vous, si nous avions
déchiré la Constitution, est-ce que nous serions plus blâmables que vous?
(*Rires à droite.*) Est-ce que nous, en présence du danger auquel nous
croyons tous du plus profond de nos cœurs, si nous avions imité votre
conduite au nom de ces principes qui vous ont fait renverser tant de gouvernements et de constitutions, nous serions plus coupables que vous?
Non, et nous aurions pour excuse une excuse bien plus grave que de faire
marcher la liberté plus vite, celle de sauver la société.

Mais les auteurs de la loi n'avaient pas besoin de cette excuse ; ils
avaient respecté la Constitution, sans quoi ils n'auraient certainement pas laissé voter à vingt et un ans et ils auraient établi le suffrage
à deux degrés, dont M. Thiers représentait en ces termes l'incontestable supériorité sur le suffrage direct :

Il y a une manière de corriger, non pas tous les inconvénients, mais
une grande partie des inconvénients du suffrage universel, c'est le suffrage
à deux degrés, qui rétablit la hiérarchie des intelligences. (*Exclamations à
gauche.*)
Le suffrage universel à deux degrés qui, en disant à l'électeur, à la
masse des électeurs qui ne connaît ni les hommes ni les choses : Choisis-
sez au-dessus de vous un électeur qui les connaîtra, et en donnant à cet
électeur le droit de choisir les représentants du pays, supprime une grande
partie des inconvénients du suffrage universel. Nous ne l'avons pas fait.
Pourquoi ? Parce que le mot direct dans la constitution ne nous le permet-
trait pas.

La Constitution étant restée muette sur la question du domicile,
il était permis d'exiger un domicile suffisant pour suppléer autant
que possible aux autres garanties qu'elle avait refusées à la société.
Puis M. Thiers répondait à ceux qui lui reprochaient d'exclure les
pauvres de l'exercice du suffrage universel que la loi n'excluait que
les vagabonds, dont il dépeignait la déplorable influence sur les sociétés démocratiques, dans une magnifique page que nous croyons
devoir transcrire ici tout entière :

Nous avons exclu non pas par une volonté arrêtée de les exclure, mais
par suite du procédé qui devenait nécessaire, cette classe d'hommes dont
on ne peut saisir le domicile nulle part, c'est cette classe d'hommes que
l'on a déjà nommée, celle des vagabonds ; ce ne sont pas les indigents.
Je sais bien tout ce qu'on peut dire de respectable, d'intéressant, en parlant de la pauvreté. Si c'était la pauvreté, les objections pourraient être
prises en sérieuse considération : je vous ferai remarquer cependant que,
si dans une société chrétienne et civilisée, la pauvreté est ce qu'il y a de
plus intéressant au monde, cependant, aux yeux du législateur politique,
tout en faisant pour elle tout ce qu'on peut, et tout ce qu'on peut est tout

ce qu'on doit; en voulant faire tout ce que l'on peut et tout ce que l'on doit, cependant vous ne voudriez pas lui livrer le gouvernement de la société. Vous devez aux hommes qui sont à Bicêtre tous les soins de la commune de Paris, vous leur devez tout son zèle, toute sa fortune disponible; mais cependant, dites-le-moi, est-ce une république bien ordonnée que celle dans laquelle quelques mille voix prises à Bicêtre ou à la Salpêtrière décideraient d'une élection? Non! Il faut tout faire pour le pauvre, mais j'ose le dire à la tribune, il faut tout faire, excepté cependant de lui donner à décider les grandes questions où s'agitent le sort et l'avenir du pays, tout pour les pauvres et cependant le gouvernement, non! (*Vives approbations à droite.*)

Maintenant ces hommes que nous avons exclus sont-ce les pauvres? Non. Ce n'est pas le pauvre, c'est le vagabond, qui souvent par des moyens licites ou illicites, gagne des salaires considérables, mais qui ne vit pas dans un domicile à lui appartenant, qui se hâte, quand il est sorti de l'atelier, d'aller au cabaret, qui ne met aucun intérêt à son domicile, aucun! Savez-vous pourquoi? Qui ne met aucun intérêt à son domicile, parce que souvent il n'a pas de famille, ou quelquefois, quand il en a, il ne l'intéresse pas à l'asile qu'il habite.

Il y a une quantité de ces vagabonds qui ont des salaires considérables, d'autres qui, par des moyens illicites, gagnent suffisamment pour avoir un domicile, qui n'en veulent pas avoir. Ce sont ces hommes qui forment non pas le fond, mais la partie dangereuse des grandes populations agglomérées, ce sont ces hommes qui méritent ce titre, l'un des plus flétris de l'histoire, entendez-vous, le titre de la multitude? Oui, je comprends que certains hommes y regardent beaucoup avant de se priver de cet instrument, mais les amis de la vraie liberté, je dirai les vrais républicains, redoutent la multitude, la *vile multitude*, qui a perdu toutes les républiques. Je comprends que des tyrans s'en accommodent, parce qu'ils la nourrissent, la châtient, la méprisent. (*Vive approbation et bravos à droite.*) Mais des républicains, chérir la multitude et la défendre, ce sont de faux républicains, ce sont de mauvais républicains. (*Même mouvement.*) Ce sont des républicains qui peuvent connaître toutes les profondeurs du socialisme, mais qui ne connaissent pas l'histoire. Voyez-la à ses premières pages, elle vous dira que cette misérable multitude a livré à tous les tyrans la liberté de toutes les républiques. C'est cette multitude qui a livré à César la liberté de Rome pour du pain et des cirques. (*Très-bien! très-bien!*) C'est cette multitude qui, après avoir accepté, en échange de la liberté romaine, du pain et des cirques, égorgeait les empereurs; qui tantôt voulait du misérable Néron et l'égorgeait quelque temps après, par ses caprices aussi changeants sous le despotisme qu'ils l'avaient été sous la république; qui prenait Galba et l'égorgeait quelques jours après, parce qu'elle le trouvait trop sévère; qui voulait débaucher Othon; qui prenait l'ignoble Vitellius et qui, n'ayant plus le courage même des combats, livra Rome aux barbares. (*Applaudissements à droite. Agitation.*) C'est cette multitude qui a livré aux Médicis la liberté de Florence, qui a en Hollande, dans la sage Hollande égorgé les Witt, qui étaient, comme vous savez, les vrais amis de la liberté,

c'est cette vile multitude qui a égorgé Bailly ; qui, après avoir égorgé
Bailly, a applaudi au supplice, qui n'était qu'un abominable assassinat, des
Girondins ; qui a applaudi ensuite au supplice mérité de Robespierre ; qui
applaudirait au vôtre, au nôtre ; qui a accepté le despotisme du grand
homme, qui la connaissait et savait la soumettre ; qui a ensuite applaudi
à sa chute et qui, en 1815, a mis une corde à sa statue pour la faire
tomber dans la boue. (*Applaudissements et bravos répétés sur tous les bancs
de la majorité.*)

La vile multitude, ainsi flétrie par M. Thiers, avait dans l'Assemblée un défenseur tout naturel, M. le prince Napoléon Bonaparte,
qui adressa une interruption grossière à l'illustre orateur. Cette interruption mérita un rappel à l'ordre à ce César besogneux et dé-
classé dont la fortune avait tout à attendre des aberrations du suffrage universel.

La loi du 31 mai 1850 avait à peine une année d'existence, que le
bruit se répandit qu'elle comptait parmi ses adversaires, non-seulement le parti contre lequel elle avait été faite, ce qui n'était que justice, mais le Président de la République, qui l'avait sollicitée.

L'espoir de se faire une popularité au détriment de l'Assemblée
était évidemment le mobile qui dirigeait l'esprit peu scrupuleux du
prince Louis Bonaparte, et, dans son message du 4 novembre 1851,
il expliquait son changement de front de la manière suivante :

Je n'entends pas renier l'approbation que je donnais alors à l'initiative
prise par le ministère qui réclama des chefs de la majorité, dont cette loi
était l'œuvre, l'honneur de la présenter. Je reconnais même les effets salu-
taires qu'elle a produits. En se rappelant les circonstances dans lesquelles
elle fut présentée, on avouera que c'était un acte politique bien plus
qu'une loi électorale, et toutes les fois que la majorité me proposera des
moyens énergiques pour sauver le pays, elle peut compter sur mon concours loyal et désintéressé. Mais les mesures de salut public n'ont qu'un
temps limité... Je n'ai jamais cessé de croire qu'un jour viendrait où il
serait de mon devoir d'en proposer l'abrogation... La loi du 31 mai a ses
imperfections, mais, fût-elle parfaite, ne devrait-on pas également l'abroger
si elle doit empêcher la révision de la Constitution, ce vœu manifeste de
la population?... La proposition que je vous ai faite n'est ni une tactique de
parti, ni un calcul égoïste, ni une résolution subite, c'est le résultat d'une
méditation sérieuse et d'une conviction profonde.

Un ministère extra-parlementaire apporta à l'Assemblée un projet de loi qui proposait le retrait de la loi du 31 mai. M. Berryer
s'étant opposé à l'urgence, elle fut rejetée après une épreuve dou-
teuse. La commission chargée d'examiner ce projet ne le laissa pas
languir : le 11 novembre, M. le comte Daru présentait un rapport

qui concluait au rejet, et, dans sa séance du 12, l'Assemblée décidait qu'elle ne passerait pas à une seconde délibération. La très-faible majorité à laquelle cette décision était prise prouvait que le parti conservateur était désorganisé : 355 voix seulement contre 348 avaient voté le maintien de la loi du 31 mai. MM. Berryer, de Falloux, de Montalembert, Thiers, Buffet, Casimir Périer et Duvergier de Hauranne étaient restés fidèles à leur manière de voir de l'année précédente, et considéraient toujours le suffrage universel illimité comme un immense danger social. Parmi les partisans de l'abrogation de la loi du 31 mai se remarquaient les futurs serviteurs de l'Empire : MM. Achille Fould, Drouyn de Lhuys, de Morny, de la Rochejaquelein, Théodore Ducos. M. Dufaure votait également dans le même sens. MM. Rouher et de Parieu, qui avaient chaleureusement adhéré à la proposition de la loi, et M. Baroche, qui en était l'auteur principal, s'abstenaient.

La loi du 31 mai 1850 ne devait pas survivre au régime parlementaire ; elle a été abrogée par le décret dictatorial du 2 décembre 1851.

Avant et après l'abrogation de cette loi, il est devenu de mode de l'attaquer et même d'imputer à l'impopularité qu'elle aurait créée à l'Assemblée le succès du coup d'État du 2 décembre ; il semblerait que la sagesse n'aurait pas été du côté des 435 membres qui avaient voté cette loi, mais avec les 20 membres du parti conservateur qui, dans cette circonstance, s'étaient séparés de leurs chefs pour se rallier à la gauche.

Il n'en est rien ; ce qui a perdu l'Assemblée législative, ce sont les divisions intestines qui ont complétement paralysé sa puissance. Quelques jours après l'espèce de désaveu donné à la loi du 31 mai par un grand nombre de ceux qui l'avaient votée, la proposition des questeurs, destinée à rappeler à l'armée qu'elle devait obéir à la Constitution, était rejetée par 400 voix contre 300. L'Assemblée venait de signer sa déchéance.

Si la loi du 31 mai n'avait pas été faite, les agitations qu'elle avait momentanément supprimées se seraient reproduites avec une intensité plus grande et auraient par cela même encore accru cet immense désir d'une solution qui possédait la France affamée, comme on l'a dit, d'ordre et d'autorité, et décidée, pour recevoir satisfaction, à se soumettre même au régime du silence. Les divisions de l'Assemblée mettaient obstacle à cette solution ; elle devait succomber, et le pays a accueilli d'abord avec une souveraine indifférence et ensuite avec une faveur réelle le coup d'État, qui le délivrait pour un temps de ses préoccupations et de ses terreurs.

Grande leçon que les membres des Assemblées souveraines doivent toujours avoir sous les yeux ! Qu'ils n'oublient jamais qu'ils ménagent un triomphe prochain au césarisme quand, par des atermoiements et des lenteurs qui semblent accuser leur impuissance, ils tardent à donner à l'ordre public toutes les garanties sans lesquelles une société ne peut pas vivre ! Qu'ils aient toujours présente à la mémoire cette remarque pleine de sens que les événements dont nous venons de parler ont suggérée à un illustre publiciste, à l'homme que nous appellerions le plus grand historien des temps modernes si nous n'écrivions pas dans la patrie de M. Guizot : « Les vrais amis du peuple, disait lord Macaulay, ont avoué, avec le plus profond chagrin, que des intérêts plus précieux que les priviléges politiques étaient en péril, et qu'il serait nécessaire même de sacrifier la liberté pour sauver la civilisation. »

La Constitution du 14 janvier 1852 remettait au suffrage universel l'élection des députés au Corps législatif. Le scrutin de liste était aboli. L'élection devait avoir pour base la population ; il y avait un député à raison de trente-cinq mille électeurs. Un décret organique du 2 février 1852 réglait d'après ces bases les conditions dans lesquelles les élections devaient s'effectuer : le nombre total des députés était fixé à deux cent soixante et un, et la répartition des circonscriptions électorales dans chaque département était faite par le pouvoir exécutif, qui avait la faculté de remanier ces circonscriptions tous les cinq ans, faculté dont il a usé de manière à dérouter toutes les combinaisons de ses adversaires.

Le régime inauguré le 2 décembre 1851 envisageait sans crainte l'épreuve du suffrage universel. Il pouvait compter sur le concours des intérêts qu'il rassurait. Les mesures énergiques qu'il avait prises, les exécutions sommaires sur les boulevards de Paris, l'incarcération, le bannissement et la déportation de tous ceux qui le gênaient, la suspension des libertés publiques, le silence absolu imposé à la presse, devaient décourager ceux qui auraient pu être tentés de le combattre.

En outre, un certain nombre de partisans de l'ancienne monarchie semblaient décidés à s'abstenir de toute participation aux fonctions électives et considéraient d'un assez mauvais œil ceux de leurs amis qui refusaient de s'associer à ce système d'émigration à l'intérieur. Le gouvernement ne pouvait concevoir de bien vives appréhensions de cette attitude ; ce n'est pas lui qu'elle pouvait affaiblir.

Lors des élections qui eurent lieu au mois d'avril 1852, les candidats du gouvernement furent élus presque partout sur la désignation des préfets, et les libéraux incorrigibles qui avaient affronté le scrutin ne réunirent que des minorités insignifiantes.

Les élections de 1857 eurent à peu près le même caractère. Les députés de la précédente législature qui avaient fait preuve d'indépendance furent combattus par les préfets et remplacés par des candidats officiels. Seule, la population parisienne persistait dans son ancien esprit d'opposition, et envoyait au Corps législatif MM. Jules Favre, Ernest Picard, Émile Ollivier et Darimon.

En 1863, les élections s'accomplirent dans des conditions différentes. L'Empire avait renoncé à la politique conservatrice de ses premières années ; il s'était fait le champion de la révolution en Europe ; il avait alarmé les consciences catholiques par les encouragements qu'il avait donnés aux attaques contre la puissance temporelle du Saint-Siége. Les résultats de cette politique s'affirmèrent dans le scrutin. Si, dans plusieurs départements où l'action des préfets était toute-puissante, les députés qui avaient refusé de s'associer aux écarts de la politique impériale étaient évincés, les électeurs nommaient un nombre beaucoup plus considérable de députés de l'opposition que par le passé. MM. Berryer, Marie et Lanjuinais, notamment, étaient élus.

Lyon et Bordeaux choisissaient des radicaux ; quant à la ville de Paris, elle appartenait désormais tout entière aux républicains, sauf une circonscription qui avait élu M. Thiers. Enfin, dans beaucoup de départements, les candidats de l'opposition avaient obtenu des minorités considérables.

En 1869, l'Empire avait à peu près cessé de faire peur : le décousu de sa politique étrangère, les tergiversations constantes de son administration, avaient découragé ses amis et excité les espérances de ses adversaires. Les élections donnèrent des résultats plus accentués. Les opposants réussissaient à s'introduire en plus grand nombre au Corps législatif, où le socialisme faisait aussi son apparition. L'éducation du suffrage universel direct et illimité se continuait comme elle devait le faire lorsqu'il est livré à lui-même. Les hommes de 1848 étaient trouvés trop tièdes à Paris, à Marseille et à Lyon, et il était facile de constater les progrès de l'Internationale jusque dans les populations des campagnes.

Les conseils de l'Empire ont cru parer aux dangers de la situation en recourant à l'expédient du plébiscite du mois de mai 1870. Plus de sept millions de voix ont semblé leur donner raison et confirmer à jamais l'alliance de la France avec la famille Bonaparte. Mais, quatre mois plus tard, l'Empire s'écroulait sans qu'une seule des voix qui venaient de l'acclamer s'élevât pour demander son maintien.

Après le 4 septembre, les hommes qui s'étaient emparés du pouvoir montrèrent peu d'empressement à consulter le suffrage universel. Cette répugnance était alors pleinement justifiée, car, sauf à

Paris et dans quelques départements, les élections furent conservatrices. Une fois délivré de ses appréhensions immédiates, le suffrage universel est revenu de la manière la plus nette à ses anciennes et naturelles tendances.

Dès le mois d'avril 1871, des élections municipales avaient lieu dans toute la France et aboutissaient, pour la plupart des villes de quelque importance, à l'élection d'un conseil entièrement radical et dont la plupart des membres ne présentaient, par leur situation sociale, aucune garantie aux intérêts de la cité qu'ils étaient appelés à administrer.

Les élections politiques n'ont pas tardé à s'inspirer du même esprit. Les nombreuses vacances qui, depuis le 8 février 1871, se sont produites dans l'Assemblée, ont été presque toujours remplies par des élections favorables aux radicaux. Les habitants des campagnes semblent même s'être mis complétement à l'unisson de la population des villes : la paisible Champagne, la riche et laborieuse Normandie obéissent au mot d'ordre des radicaux avec la même docilité que Paris, Lyon et Marseille. Les choses en sont même venues à un point tel, qu'en plus d'une circonstance la lutte a été jugée inutile, et que les candidatures radicales n'ont même pas été combattues. Si ce courant n'était pas complétement changé, il serait facile de prévoir le moment prochain où le radicalisme, maître légal de la situation, opprimerait à son aise les consciences, foulerait aux pieds les droits de la famille, s'attaquerait à la propriété, ne laissant à la France d'autre refuge contre ses excès que l'avénement du césarisme. Il faut donc aviser pour épargner à la société les terribles extrémités qui la menacent.

III

Pour atteindre ce but, l'Assemblée peut recourir à deux sortes de mesures : les unes, qui s'appliquent à la direction générale des affaires publiques, ne peuvent influer qu'indirectement sur les élections ; les autres, au contraire, qui s'appliquent à la législation électorale, apporteraient une réforme sérieuse au système qui nous régit depuis 1848. Nous allons examiner les services que peut rendre au pays l'adoption de ces diverses mesures.

Commençons d'abord par celles qui n'ont pas trait à la législation électorale elle-même.

Nous laissons de côté l'expédient des candidatures officielles appuyées par tous les moyens d'intimidation propres à en assurer le succès, parce que la majorité de l'Assemblée et le ministère qui tient le pouvoir de sa confiance sont trop honorables et trop dévoués aux institutions parlementaires pour qu'on leur fasse l'injure de supposer que l'idée de recourir à de semblables artifices puisse jamais leur venir.

Ceci dit, il est incontestable que les actes qui tendront à imprimer une allure plus ferme à la marche du gouvernement et à décourager les factions ne pourront qu'exercer une influence heureuse sur les élections. Il ne faut toutefois pas se méprendre sur la portée de cette influence. En effet, depuis le 24 mai dernier, le pouvoir est en des mains sincèrement conservatrices, le plus grand nombre des fonctionnaires qui pouvaient être tentés de prêter leur concours aux radicaux ont été remplacés, et cependant la plupart des élections qui ont eu lieu ont eu la même physionomie qu'avant la démission de M. Thiers : partout où la lutte s'est engagée, elle s'est terminée par la victoire des candidatures radicales. Faut-il s'en étonner? Non, parce que l'exercice du suffrage universel direct et illimité doit conduire à de semblables résultats. Faut-il s'en plaindre? En aucune façon; car il y a parmi nous tant d'esprits timorés, ennemis des décisions nettes, prompts à saisir le moindre prétexte pour se rassurer, qu'un échec momentané des candidatures radicales en aurait fait autant d'adversaires déclarés de toute réforme sérieuse.

Mais, dira-t-on, si bien intentionné que fût le gouvernement du 24 mai, il est une classe nombreuse et importante de fonctionnaires qu'il n'a pu faire rentrer dans le devoir. Ce sont les maires, qui, nommés par le suffrage universel, sont de fait complétement indépendants du gouvernement, quoique la loi leur ait délégué une partie considérable des pouvoirs publics. Or, beaucoup de ces maires entretiennent dans les communes qu'ils administrent un courant d'opinions hostiles aux principes conservateurs. Issus de mauvaises élections, ils en préparent de plus mauvaises encore, et c'est pour parer à ce danger que le cabinet du 26 novembre propose d'attribuer transitoirement la nomination de tous les maires au pouvoir exécutif, et même d'enlever désormais aux maires la police locale pour la confier aux préfets et aux sous-préfets.

Nous sommes loin de contester que l'influence des maires n'ait souvent été fâcheuse dans les élections, et nous en concluons qu'une grande part dans la responsabilité du mal doit être attribuée au suffrage universel direct et illimité qui a livré l'administration des communes à des hommes si peu dévoués à la cause de l'ordre ; nous croyons que les intérêts généraux du pays et les intérêts particuliers des communes n'auront qu'à gagner à ce que, dans les circonstances actuelles, la nomination des maires soit confiée au pouvoir exécutif, et nous verrions dans cette disposition une réaction sensée contre l'entraînement irréfléchi qui avait marqué les premiers travaux de l'Assemblée.

Beaucoup de membres de la majorité, qui avaient longtemps réclamé la décentralisation, ne pouvaient suffisamment se rendre compte que l'heure de cette mesure n'était pas venue alors que les principes mêmes qui font la base des sociétés étaient mis en question par les partisans de la Commune, et ils avaient eu le tort de refuser à M. Thiers la nomination des maires qu'il réclamait pour le pouvoir exécutif.

L'Assemblée fera bien de revenir sur ses décisions de 1871. Toutefois, nous n'aimerions pas à la voir passer d'un extrême à l'autre, et nous craindrions qu'elle n'allât au delà des satisfactions dues aux exigences légitimes de la centralisation en attribuant aux préfets et aux sous-préfets la police locale.

Avec la décentralisation, il pouvait y avoir lieu d'opérer ce transfert d'attributions parce que les maires étaient affranchis en fait du contrôle effectif de l'administration supérieure; aussi était-ce pour concilier l'autonomie communale avec l'obéissance due aux ordres du gouvernement que des publicistes éminents avaient sous l'Empire proposé cette séparation des pouvoirs locaux.

Aujourd'hui que la loi va replacer les maires sous l'action directe du gouvernement, cette précaution devient moins nécessaire. Il faut se rappeler, d'ailleurs, que l'Empire qui, à ses débuts surtout, se montrait peu disposé à sacrifier les prérogatives du pouvoir exécutif, s'était contenté, dans la loi du 5 juin 1855, de remettre une partie de la police locale aux préfets pour les communes, chefs-lieux de départements dont la population dépassait 40,000 âmes, que cette exception au droit commun ne s'étendait qu'à 17 villes, et qu'elle fut même abolie par la loi du 24 juillet 1867.

Quelle que soit la décision de l'Assemblée à cet égard, elle n'en laissera pas moins subsister toute l'influence du conseil municipal dans le sein duquel le maire sera généralement choisi. Dès lors, si cette influence est hostile au gouvernement elle trouvera mille moyens d'exercer son action sur les élections à moins qu'une bonne loi électorale ne vienne complétement changer les conditions dans lesquelles les élections municipales et politiques ont lieu.

La presse a aussi un rôle important dans les élections et l'on espère par des moyens énergiques venir à bout de certains journaux qui se sont posés comme les adversaires déclarés de la société. On paraît penser qu'on pourrait atteindre ce but en remettant, à titre temporaire, à tous les préfets une autorité discrétionnaire sur les journaux de leur département. Nous remarquerons d'abord que, pour un très-grand nombre de nos départements les plus riches et les plus populeux, ce retour même momentané à un système que nous avons si constamment et si justement attaqué sous l'Empire est complétement inutile, puisque l'état de siége qui y a été proclamé donne à l'autorité militaire le droit de prendre, à l'égard de la presse, toutes les mesures qu'elle juge nécessaires pour le maintien de la paix publique. Si donc à Paris, à Lyon et à Marseille, il y a encore des journaux dangereux, ce n'est pas à la législation qu'il faut s'en prendre, mais à l'indulgence trop grande avec laquelle elle est appliquée, et cette indulgence cessera le jour où le gouvernement manifestera son intention bien arrêtée de ne plus la tolérer.

Il est très-vrai que tous les départements ne sont pas soumis à l'état de siége, mais nulle part la société n'est désarmée contre les attaques dont elle peut être l'objet de la part de la presse, et les délits qui sont commis par cette voie peuvent et doivent être poursuivis comme les autres.

Soutiendra-t-on que l'attribution de la connaissance de ces délits au jury ne présente aucune garantie de répression ? Eh bien, qu'on la confie, comme tous les autres délits de droit commun, à l'appréciation des tribunaux correctionnels, et nous pouvons certifier, avec l'expérience du passé, que la répression sera énergique. Si les peines actuelles semblent insuffisantes, qu'on en établisse de nouvelles, qu'on augmente surtout le montant des amendes, qu'on se mette en garde contre la trop grande indulgence du juge en ne lui permettant plus d'admettre des circonstances atténuantes ; qu'on assure le recouvrement des amendes en rétablissant les proportions du cautionnement des journaux telles qu'elles existaient avant la loi votée en 1871 par l'Assemblée ; qu'on reconnaisse aux tribunaux le droit de suspendre et de supprimer les journaux ; que l'on fasse même de cette suspension et de cette suppression la conséquence forcée d'un certain nombre de condamnations ; nous le voulons bien. Mais nous supplions instamment l'Assemblée de ne pas remettre le droit de juger la presse à l'administration, qui serait juge et partie. N'oublions pas d'ailleurs comment, dans les dernières années de l'Empire, la plupart des préfets usaient de leur autorité sur la presse départementale et comment ils fermaient les yeux sur les attaques qui ne s'adressaient qu'au pouvoir central ou à la personne du Chef de l'État, pourvu que leur propre administration ne fût pas discutée.

Toutes les mesures analogues à celles que nous venons de passer en revue sont des mesures d'expédients. Utiles pour prévenir les dangers de l'heure présente, elles sont impuissantes pour rien fonder et si, en même temps qu'ils y ont recours, l'Assemblée et le gouvernement ne mettaient pas à profit la toute-puissance qu'ils tiennent des circonstances pour créer des institutions durables, les difficultés que nous avons tant de peine à surmonter ne tarderaient pas à se reproduire.

Ici encore l'expérience du gouvernement impérial est décisive. Il s'était fortifié contre les attaques des partis par des lois très-rigoureuses, il s'était fait litière de toutes les libertés publiques en promettant de couronner plus tard l'édifice par des institutions plus libérales et mieux en rapport avec une période d'apaisement. Il n'a rien fait pour préparer le paisible avénement de ces institutions et n'a voulu y travailler que lorsqu'il était impuissant à garder le pouvoir arbitraire dont il s'était emparé.

Ces concessions tardives, loin d'arrêter le mouvement des esprits, n'ont fait que l'accélérer ; elles ont été considérées plutôt comme un aveu de la faiblesse que comme un effet de la sincérité d'un gouvernement qui a été balayé par la tempête d'un sol où il n'avait su prendre aucune racine.

Cherchons donc dès maintenant à fonder ces institutions de l'avenir, et le fondement le plus solide qu'on puisse leur donner, c'est une bonne législation électorale, puisque l'élection est la base et l'origine de nos pouvoirs publics.

Quels sont en pareille matière les pouvoirs et les devoirs de l'Assemblée? Les pouvoirs de l'Assemblée n'ont d'autres bornes que celles qu'elle voudra leur fixer elle-même. Dépositaire de la souveraineté nationale, elle a le droit de constituer, et elle peut régler le régime électoral avec la même liberté d'action que toute autre partie de la législation.

Elle n'a pas les mains liées comme l'Assemblée législative de 1850 par une constitution préexistante, elle a le droit de choisir, entre tous les systèmes électoraux, celui qu'elle jugera le mieux approprié aux besoins du pays, car le suffrage universel illimité et direct n'est pas un de ces dogmes primordiaux auquel il est interdit de toucher : c'est une institution qui, comme tant d'autres, n'est légitime qu'autant qu'elle donne de bons résultats.

L'Assemblée a toute puissance en fait comme en droit ; elle n'est pas réduite, comme le sont parfois les pouvoirs publics, pour éviter des complications qu'ils se sentent hors d'état de maîtriser, à se contenter d'une solution imparfaite. Elle sait que la vaillante épée à qui elle a confié sa garde briserait impitoyablement toutes les résistances que pourraient rencontrer ses volontés.

Toutefois si elle a le droit et le pouvoir de tout faire, elle a le devoir de ne faire que ce que l'intérêt du pays lui commande.

Indiquons l'ordre d'idées dans lequel il nous semble qu'il convient de se placer pour établir une bonne législation électorale.

Le suffrage universel doit être maintenu comme le principe de nos lois d'élection, non pas au nom d'un droit absolu qui n'existe pas, mais parce qu'il nous est impossible de découvrir un autre principe à lui substituer, et parce qu'il est facile, si on le veut, de remédier aux inconvénients que la pratique des vingt-cinq dernières années a signalés.

Le but que doit se proposer le législateur en organisant le système électoral, c'est d'assurer aux divers intérêts sociaux la part d'influence qui leur est due dans les délibérations des assemblées électives, et ce but ne doit jamais être perdu de vue lorsqu'on détermine : 1° la répartition des députés à élire ; 2° le choix du mode de votation ; 3° et surtout les conditions de l'exercice du droit de suffrage.

Quelle doit être la base de la répartition des députés à élire entre les diverses parties du territoire ? La Constitution de 1848 a répondu à cette question en adoptant une base unique : la population. Or, ce système sacrifie tous les intérêts à celui du nombre, et nous lui préférons de beaucoup celui qui a été suivi en 1791, en 1814 et en 1830, et qui conciliait avec l'intérêt du nombre ceux du territoire et de la richesse.

Le projet de loi déposé par M. Dufaure propose d'attribuer un député à chaque arrondissement, sauf à allouer aux arrondissements dont la population dépasserait 100,000 habitants autant de députés en plus que cette population excéderait de fois 100,000 habitants : comme il y a en France 362 arrondissements, il y aurait, en tenant compte des excédants de population et de la représentation accordée aux colonies, 557 députés. Nous aimerions mieux, quant à nous, qu'en règle générale, la circonscription territoriale des arrondissements fût la base unique de la répartition des députés à élire ; on pourrait, toutefois, pour éviter des disproportions trop choquantes, accorder un député de plus à chaque arrondissement à raison de toute fraction de population supérieure à 200,000 habitants. Paris, par exemple, qui compte 1,850,000 âmes élirait 10 députés et n'aurait plus dans la représentation nationale une part vraiment léonine comme celle que lui ont attribuée les constituants de 1848 et les hommes du 4 septembre. La Chambre compterait environ 400 membres, nombre plus que suffisant pour la dignité et la maturité de ses délibérations.

Nous ne voyons guère la nécessité de donner des députés aux colonies. Ainsi, comment expliquer que la Guyane française et le Séné-

gal, qui ne comptent que quelques milliers de citoyens français
nomment des députés, tandis que cette faveur n'est accordée, ce dont
nous ne nous plaignons pas, ni à Saint-Pierre et Miquelon, ni aux
îles Marquises, ni à la Cochinchine ni à la Nouvelle-Calédonie? D'ailleurs, dans la plupart de nos colonies, la population présente trop
peu d'homogénéité pour que les élections puissent être la représentation sérieuse des intérêts de cette population. Les deux Chartes de
1814 et 1830 et la Constitution de 1852 n'attribuaient pas de députés aux colonies, et rien ne nous prouve qu'elles fussent plus mal
gouvernées alors qu'elles ne le sont maintenant.

Nous passons ensuite au mode de votation. Faut-il maintenir le
scrutin de liste? Il a été établi en 1848 pour retirer aux influences
locales leur part dans le choix des députés, parce que ces influences
étaient jugées trop conservatrices. Cette considération seule doit
nous faire condamner le scrutin de liste. De plus, il est tout à fait
incompatible avec la dignité de l'élection.

Le suffrage universel a déjà bien de la peine à se prononcer en
connaissance de cause sur un seul nom; s'il doit en choisir plusieurs
5, 10, 20, et même 45 comme cela s'est vu à Paris en 1871, l'élection devient alors une véritable loterie. A deux reprises, en 1849 et
en 1871, la masse des bons numéros l'a emporté sur les mauvais
dans cette loterie; mais avec les tendances du suffrage universel, il
n'est pas téméraire de prévoir que les proportions pourraient bien
être renversées, et que les listes radicales pourraient sortir en grande
majorité des urnes électorales.

Or c'est là une éventualité contre laquelle il faut se mettre en
garde, et c'est ce que fait le projet de M. Dufaure, qui, sur ce point,
mérite d'être loué sans réserves. M. Dufaure, à l'appui de son projet,
rappelle que, dans tous les pays célèbres par la liberté, on s'est gardé
de donner à élire une députation nombreuse à chaque corps élécto-
ral, et il pense qu'une grande partie des critiques adressées à notre
régime d'élection doivent s'appliquer au scrutin de liste. Il propose
de diviser chaque arrondissement en autant de circonscriptions
électorales qu'il y aura de députés à élire, puis il ajoute avec
raison que si ce système n'était pas adopté, il regarderait comme
sérieusement compromis le succès de notre réorganisation politique.

Reste maintenant la question la plus importante, celle des conditions à prescrire pour l'exercice du droit électoral.

Cette question n'a pas été agitée dans nos assemblées parlementaires depuis les débats qui ont précédé la loi du 31 mai 1850.
Nous avons déjà dit que, pour tous les auteurs de cette loi, la solution

à laquelle elle s'arrêtait, à savoir : la justification d'un domicile de
trois ans par un mode très-rigoureux de constatation, était le mini-
mum des garanties à demander au suffrage universel, et nous avons
cité à cet égard l'opinion de MM. Jules de Lasteyrie, de Montalembert et Thiers, qui déclaraient que s'ils n'avaient pas eu les mains
liées par la Constitution, ils auraient apporté des réformes plus
graves à l'œuvre commune des jacobins de 1793 et des constituants
de 1848.

Aujourd'hui le terrain est complétement déblayé et le législateur
a ses coudées franches. Le gouvernement de M. Thiers était donc
parfaitement libre de présenter une loi électorale qui assurât à la
société toutes les garanties que le législateur de 1850 n'avait pu lui
accorder. Eh bien, il a compris autrement sa mission : le projet de
loi électorale qu'il a fait présenter le 20 mai dernier par M. Dufaure
reste singulièrement en deçà de la loi du 31 mai 1850.

Ce projet conserve entièrement l'organisation actuelle, en subor-
donnant toutefois l'inscription des citoyens sur le registre électoral
à la condition, non pas même d'un domicile, mais d'une simple résidence habituelle de deux années, sans prescrire aucun mode de
constatation de cette résidence, dont il laisse l'appréciation aux
commissions chargées de la révision du registre électoral.

La sollicitude de MM. Thiers et Dufaure pour le suffrage universel direct et illimité s'étend jusqu'à ceux-là même qui ne peuvent
justifier d'une résidence habituelle de deux ans dans la commune
qu'ils habitent au moment de la confection de la liste, et ils leur per-
mettent de réclamer leur inscription soit dans la commune pour
laquelle ils justifient d'une résidence habituelle de deux années à
une époque antérieure, soit à leur domicile d'origine.

Réduite à ces termes, la réforme de MM. Thiers et Dufaure est
purement dérisoire, et, pour s'en convaincre, il suffit de se reporter
à l'admirable discours du 24 mai 1850, que son auteur semble trop
avoir perdu de vue.

L'Assemblée aura la mémoire plus longue, et elle refusera de
s'arrêter à ce simulacre de réforme. Elle exigera un domicile de
trois ans, et prescrira pour la constatation de ce domicile des justifi-
cations sérieuses.

Après avoir ainsi sauvegardé la dignité du suffrage universel, le
législateur devra encore veiller à ce que le corps électoral présente
certaines garanties d'indépendance et d'expérience.

Pour mettre l'indépendance du corps électoral à l'abri de tout
soupçon, les Constitutions de 1791, de l'an III et de l'an VIII n'a-
vaient pas conféré le droit de voter aux serviteurs à gages attachés

au service de la personne ou à l'entretien du ménage. Quelle raison
y avait-il de déroger à cette règle, comme l'ont fait la Constitution de
1793 et sa digne émule, la Constitution de 1848? C'est ce qu'il nous
est impossible de découvrir. En effet, ou le serviteur à gages votera
d'après les ordres de celui qui l'emploie : alors où est la liberté?
ou bien, comme cela a lieu plus souvent qu'on ne se l'imagine, par-
tant de cette idée que notre ennemi, c'est notre maître, il votera en
sens contraire : que devient alors l'ordre social?

Pour que l'autorité du verdict du suffrage universel ne soit pas
compromise, ceux qui y participent doivent avoir une certaine expérience de la vie : d'où la nécessité de fixer un âge pour l'exercice
des droits électoraux. Quel doit être cet âge? La Constitution de 1791
avait adopté vingt-cinq ans. Les Constitutions de l'an III et de l'an VIII
ne demandaient plus que vingt-deux ans. Enfin, les Constitutions de
1793 et de 1848 se sont contentées de vingt et un ans. Nous pensons,
comme M. Thiers en 1850, que l'âge de vingt-cinq ans doit être pré-
féré : c'est l'âge de la majorité absolue, auquel l'homme peut se
marier sans le consentement de ses ascendants; c'est l'âge auquel,
d'après la nouvelle loi, les citoyens sont affranchis des exigences les
plus impérieuses du service militaire; c'est l'âge aussi que la commission chargée par l'Assemblée de préparer une loi communale a
proposé pour les électeurs municipaux.

Il y a encore dans nos dernières lois électorales une disposition
que nous ne saurions approuver : c'est celle qui impose, en quelque
sorte, aux citoyens le droit de voter, en les dispensant de réclamer
eux-mêmes leur inscription sur les listes électorales, et en permettant que cette inscription ait lieu d'office, ou à la réquisition de tiers
non autorisés par les parties intéressées. Nous avouons que nous
comprenons mal cette fureur de gonfler les listes électorales en
y inscrivant, en l'absence d'un contrôle sérieux, une foule d'individus qui n'y devraient pas figurer. Pour être digne d'exercer le droit
de suffrage, il faut montrer qu'on en comprend la valeur, en récla-
mant son inscription sur les listes soit directement, soit par manda-
taire dûment autorisé.

Avec les améliorations que nous venons de signaler, le suffrage
universel, notablement épuré, présenterait moins d'inconvénients.
Toutefois, les dangers de l'organisation actuelle ne seraient pas encore conjurés : il y aurait toujours un immense abus à réformer,
celui qui sacrifie tous les intérêts sociaux à la domination du nombre, car ce serait le nombre seul qui ferait toujours la loi.

Il y a donc lieu d'introduire dans le régime électoral les modifications nécessaires pour retirer au nombre sa domination absolue.

Dans ce but, plusieurs systèmes ont été proposés, dont les uns maintiennent le suffrage direct et les autres y substituent le suffrage à deux degrés.

On fait remarquer qu'à Rome, le suffrage universel et direct a toujours été le mode adopté pour la manifestation des volontés du peuple et l'élection de ses mandataires. Mais l'institution du vote par centuries avait conjuré les inconvénients qu'entraîne avec lui le suffrage direct. Servius Tullius avait divisé la cité en six tribus, subdivisées elles-mêmes en 193 centuries, entre lesquelles il avait réparti tous les citoyens, suivant leur fortune. La première tribu, de beaucoup la moins nombreuse et la plus riche, comprenait à elle seule 98 centuries, tandis que les cinq autres n'en comptaient que 95, sur lesquelles une seule était attribuée à la sixième classe, celle des prolétaires. C'est à ce régime, soigneusement conservé par elle, que Rome a dû de ne pas succomber dans ces dissensions intestines où ont péri si misérablement toutes ces républiques grecques dans lesquelles la souveraineté était l'apanage du nombre absolu et brutal.

Quelques personnes pensent qu'il serait possible, sans aller jusqu'au bout dans la voie où la législation romaine s'était engagée, d'atténuer les inconvénients du suffrage direct en accordant un nombre de suffrages plus considérable à certains électeurs qu'à d'autres, suivant le plus ou moins d'intérêt qu'ils ont à défendre la société, à raison de leur situation de famille, de leur état social ou de leur fortune. Ce procédé aurait quelque analogie avec celui qui se pratique dans les assemblées générales des compagnies industrielles par actions, où chaque actionnaire a un nombre de voix proportionnel au nombre d'actions qu'il possède. La mise à exécution de ce système pourrait présenter certaines difficultés ; toutefois, la nécessité d'une réforme fondamentale est si grande, que le législateur ne devrait pas être empêché, par la seule considération de ces difficultés, d'adopter ce mode d'élection, s'il n'y en avait pas de meilleur. Mais ce qui nous détermine surtout à porter nos préférences d'un autre côté, c'est que ce système, comme tous ceux qui maintiennent le suffrage direct, a le tort de conserver les cohues électorales, qu'il est si nécessaire d'éviter, et les réunions publiques, sur le danger desquelles il n'est plus permis de se faire d'illusions.

En effet, il est difficile d'admettre que les citoyens appelés à élire un député n'aient pas besoin de se réunir pour entendre les explications des candidats, se concerter sur le choix à faire, et conjurer, autant que possible, les hasards du scrutin. Les réunions électorales, telles qu'elles ont eu lieu depuis 1869, n'ont servi qu'à agiter le pays et à exciter des passions révolutionnaires. A raison du nombre de ceux qui ont droit d'y prendre part, tout contrôle est impossible, et c'est ainsi qu'on a vu à Paris une bande de clubistes se multiplier dans les réunions électorales et y prêcher ouvertement la guerre civile. Il faut rendre désormais de semblables réunions impossibles, et on n'arrivera pas à ce résultat tant que le suffrage direct sera conservé.

Le suffrage direct étant ainsi condamné par l'expérience et la raison, il y a lieu naturellement de recourir au suffrage à deux degrés dont la supériorité est évidente.

Car si le suffrage universel est exposé à tous les piéges, à toutes les surprises et à toutes les déceptions, lorsqu'il s'agit d'élire comme député un homme qui est complétement inconnu de la masse des électeurs, il court des chances bien moins fâcheuses, lorsque chaque citoyen est appelé seulement à désigner des électeurs parmi ceux qu'il connaît. Dans la plus grande partie de la France cette désignation porterait naturellement sur les hommes qui présentent le plus de garanties pour la défense des intérêts sociaux. Le suffrage à deux degrés, M. Thiers l'a dit avec raison dans son discours du 24 mai 1850, *rétablit la hiérarchie des intelligences.*

Quoique, par des nécessités de tactique parlementaire, le projet déposé le 20 mai maintienne le suffrage direct, nous ne pouvons croire que M. Thiers ait changé d'avis. Dans son exposé de motifs, M. Dufaure reconnaît même expressément le mérite des deux degrés ; il constate que la préférence leur a été donnée la première fois que l'essai d'une république régulière a été tenté parmi nous et qu'ils sont adoptés aux États-Unis pour la formation du Sénat. Il va même jusqu'à dire qu'il y aurait peut-être eu lieu d'y recourir pour l'élection de notre première Chambre ; toutefois il a reculé devant l'établissement des deux degrés par les motifs suivants :

On a pensé que ce procédé passagèrement essayé, et qui n'a pas pénétré dans nos mœurs, paraîtrait une nouveauté compliquée, à laquelle le pays ne s'attacherait pas et refuserait même de s'associer, en donnant l'exemple d'abstentions nombreuses. A une nation que peut lasser le retour fréquent des opérations électorales, il serait imprudent d'en imposer une nouvelle qui, n'ayant pas de résultat immédiat, risquerait de l'intéresser faiblement, de ne point l'attirer vers les urnes électorales, de façon que l'Assemblée, issue d'une élection sans vie, douterait elle-même de sa force, et ne paraîtrait peut-être qu'un simulacre aux yeux de la nation qui aurait mis tant de négligence à la former. Il est hors de doute que le suffrage direct prête à ses élus une tout autre autorité, une tout autre force d'impulsion qu'un procédé savant, mais artificiel, comme les deux degrés.

Examinons donc les objections de M. Dufaure. Le suffrage à deux degrés donnerait, suivant lui, moins d'autorité et moins de force d'impulsion à ses élus que le suffrage direct, parce qu'il est un procédé savant mais artificiel.

Nous ne nous expliquons pas qu'un esprit aussi vigoureux que celui de M. Dufaure ait pu s'arrêter devant une pareille considération, car ceux-là seuls qui veulent nous ramener à l'état des sociétés primitives peuvent dédaigner les systèmes savants qui servent de base au gouvernement des sociétés civilisées.

Quoi de plus savant que l'organisation constitutionnelle des États-Unis ! quoi de moins conforme à la simplicité de l'état de nature que la répartition harmonieuse des divers pouvoirs et les moyens de pondération imaginés en Amérique pour conserver à chacune des branches de la puissance publique sa plénitude d'action sans qu'il y ait ni confusion ni désordre ! Est-ce que par exemple ce Sénat des États-Unis, que M. Dufaure, dans le même document, proclame une institution justement admirée par tous les publicistes, et qui est élu par le procédé que M. Dufaure qualifie de savant et d'artificiel n'a pas infiniment plus d'autorité, de force d'impulsion que la Chambre des représentants qui est issue du suffrage direct?

Autre objection contre le suffrage à deux degrés : il n'a pas pénétré dans nos mœurs et il pourrait paraître une nouveauté compliquée, à laquelle le pays ne s'attacherait pas. Est-ce que toutes ces fins de non-recevoir n'auraient pas dû être présentées en 1848 à la commission de Constitution contre le suffrage universel direct et illimité, qui était alors certainement une nouveauté, qui n'avait pas pénétré dans nos mœurs, qui a provoqué de fort nombreuses abstentions parmi les électeurs, et qui depuis a largement compensé le mérite de sa simplicité en amenant les complications et les catastrophes dont nous subissons aujourd'hui les conséquences?

C'est précisément parce que nous connaissons trop bien les fruits du suffrage direct que nous supplions l'Assemblée de recourir à un autre système, celui des deux degrés, qui se recommande à la fois par sa valeur théorique, par l'application heureuse qui en a été faite en France de 1795 à 1797, et par celle qu'il reçoit depuis de longues années dans des pays étrangers.

Quant au danger de voir le système des deux degrés accueilli avec indifférence par les électeurs, dont il mettrait trop souvent à l'épreuve le zèle, qui est loin d'être infatigable, nous n'y croyons pas.

En effet, au lieu de mettre constamment en mouvement ces flots

de population que le suffrage direct soulève et que le résultat laisse
forcément indifférent, tant le vote individuel y a peu de valeur eu
égard au nombre des votants, le suffrage à deux degrés ne dérange-
rait relativement que peu d'électeurs, si on prenait la précaution
d'établir la permanence des colléges électoraux du second degré pendant six ans ou sept ans, par exemple, sans qu'il fût nécessaire de
pourvoir aux vacances qui s'y produiraient, à moins qu'elles ne dé-
passassent une certaine proportion, celle du dixième, si l'on veut.
Les électeurs primaires ne seraient ainsi qu'exceptionnellement ar-
rachés à leurs affaires. Quant aux autres, comme ils sentiraient davantage l'importance de leurs votes, ils seraient mieux disposés à
se réunir plus fréquemment.

Le recrutement de la première Chambre s'opérerait dans des conditions différentes de celles de la seconde, comme cela a lieu aux
États-Unis et en Suisse. Il serait possible de confier l'élection des
sénateurs soit aux conseils généraux, soit, si l'on veut élargir le
cercle, à un corps électoral composé des conseillers généraux, des
conseillers d'arrondissement et des conseillers municipaux de chaque département.

Le système des deux degrés adopté, les réunions électorales
prendraient un caractère plus pratique et cesseraient d'être dangereuses pour la paix publique. Les réunions d'électeurs primaires
pour la nomination des électeurs du second degré étant complète-
ment inutiles, il n'y aurait pas lieu de les autoriser. Quant aux électeurs du second degré, ils pourraient se réunir dans la période antérieure à l'élection des députés, et comme leur nombre ne serait
jamais très-considérable, il serait facile d'exercer un contrôle réel
sur leur assemblée, d'en fermer la porte aux intrus et d'éviter les
scandales qui se sont produits dans la plupart des grandes villes de
France depuis 1869.

Si, dans ces conditions, le résultat des élections à deux degrés paraissait encore douteux, si l'on craignait que le nombre n'y exerçât
une influence prépondérante, on pourrait recourir à un système
analogue à celui qui existe en Prusse depuis 1850. Voici quel est ce
système.

Les électeurs du premier degré sont répartis, en commençant par
les plus imposés, en trois colléges payant chacun un tiers des contributions totales de la circonscription électorale. Chaque collége
nomme le tiers des électeurs du second degré de la circonscription,
d'où il résulte que le premier collége, qui est le moins nombreux et
le plus riche, est représenté par un nombre d'électeurs du second
degré plus considérable que les autres, proportionnellement au nom-

bre de ses électeurs du premier degré, et que le troisième collége, qui est de beaucoup plus nombreux à lui tout seul que les deux autres ensemble, a une proportion numérique d'électeurs infiniment moindres.

Nous ne faisons naturellement qu'indiquer les caractères généraux des diverses solutions qui se recommandent à la sagesse du législateur. C'est à lui seul qu'il appartient de choisir entre les divers systèmes et d'en régler les détails. Mais il y a un point sur lequel le doute ne nous paraît pas possible, c'est sur la nécessité d'apporter des modifications profondes au régime électoral actuellement en vigueur. Si cette nécessité était méconnue, toutes les aspirations généreuses de la majorité seraient vaines et toutes les espérances que le pays a fondées sur elle seraient déçues.

Il faut aussi ne pas perdre de vue que l'Assemblée doit décider très-promptement cette grave question du régime électoral et celle des lois constitutionnelles qui s'y rattachent si intimement.

En votant le 19 novembre dernier, faute de mieux, la prorogation des pouvoirs du maréchal de Mac-Mahon, l'Assemblée n'a pas, comme ses adversaires l'ont insinué, cédé à un mouvement de dépit, elle a voulu faire une œuvre sérieuse, et tous ceux qui se sont prononcés pour la prorogation des pouvoirs ont pris vis-à-vis du pays l'engagement formel de lui donner les institutions qui, pendant sept années au moins, doivent assurer la paix et favoriser la marche de ses affaires.

Cette patriotique décision, cet engagement d'honneur, ont motivé des mécontentements, et certaines personnes qui comptent, pour servir leurs rancunes, exploiter la diversité des éléments dont la majorité se compose, n'épargneront aucun effort pour équivoquer sur le caractère des engagements pris et pour chercher à briser l'union du parti conservateur. Or il ne faut pas oublier que la majorité a en face d'elle une minorité de 320 membres, et qu'il ne faudrait pas un très-grand nombre de défections pour que nous arrivassions, sinon à une volte-face complète, du moins à l'une de ces situations si bien décrites par Bacon, où, les citoyens étant partagés en deux camps, on ne sait plus de quel côté sont les factieux. D'ailleurs, en admettant qu'il n'y ait pas de défections, la minorité est déjà plus que suffisante pour créer à l'Assemblée et au gouvernement des complications telles que la marche des affaires pourrait en être entravée.

En parlant ainsi, ce n'est pas simplement une crainte que nous exprimons, c'est surtout une situation fâcheuse dont nous constatons l'existence, afin qu'elle se prolonge le moins longtemps possible.

En effet, depuis le mois de novembre 1872 jusqu'au moment où nous écrivons ces lignes, la minorité a réussi à empêcher l'Assemblée de consacrer ses moments les plus précieux aux affaires du pays. Les séances ont été presque entièrement absorbées par les questions ministérielles, et c'est ainsi qu'on est passé des interpellations aux nominations de commissions et des nominations de commissions aux prorogations. Nous touchons à l'année 1874, et le budget de cet exercice n'est pas encore discuté, de sorte que, contrainte de doter convenablement et à temps les services publics, l'Assemblée devra voter au pas de course les articles des lois de finances et réserver toutes les discussions sérieuses pour l'année prochaine, ce qu'elle avait déjà fait en 1871 et en 1872. Nous pouvons compter que le même résultat se reproduirait en 1874 si on n'y avisait à temps.

L'Assemblée tiendra à y aviser ; elle sait qu'un tel état de choses ne peut se prolonger sans un grave péril pour le pays qui le subit, et sans une profonde déconsidération pour le régime parlementaire, à qui on l'attribue. Elle y mettra fin, en votant avec la plus grande rapidité les lois constitutionnelles, et surtout une bonne loi électorale.

PARIS. — IMP. SIMON RAÇON ET COMP., RUE D'ERFURTH, 1.